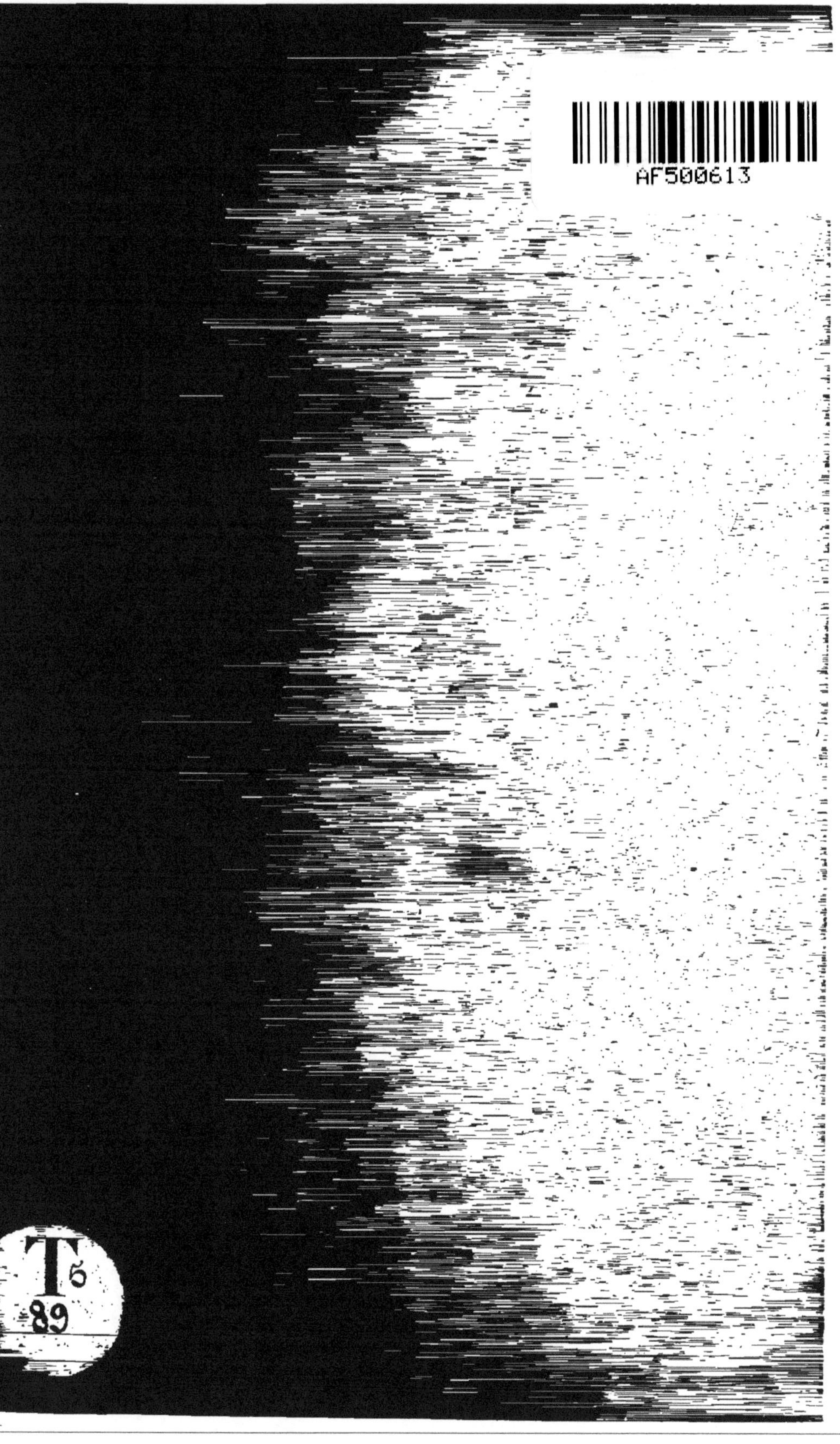
AF500613
T5
89

LETTRES

A UN MÉDECIN DE PROVINCE,

OU

EXPOSITION CRITIQUE

DE LA DOCTRINE MÉDICALE DE M. BROUSSAIS.

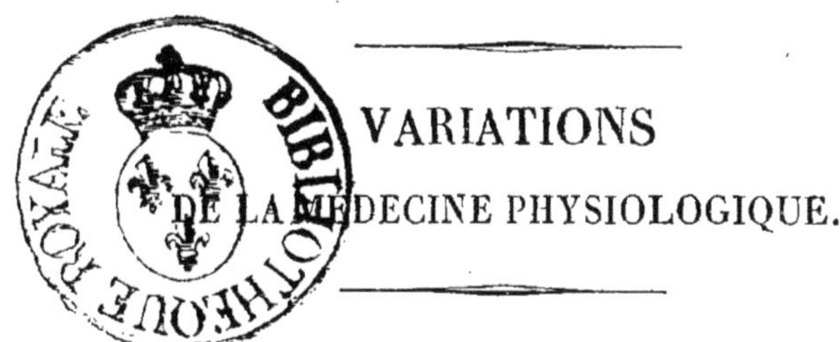

VARIATIONS

DE LA MÉDECINE PHYSIOLOGIQUE.

EXTRAIT DE LA DEUXIÈME ÉDITION, POUR SERVIR DE SUPPLÉMENT A LA PREMIÈRE;

PAR LE DOCTEUR A. MIQUEL,

DE L'ACADÉMIE ROYALE DE MÉDECINE.

PARIS,

AU BUREAU DE LA GAZETTE DE SANTÉ,

RUE FEYDEAU, N° 22,

ET CHEZ GABON et Cie, Libraires, rue de l'École de Médecine;
BÉCHET jeune, Libraire, Place de l'École de Médecine.

1826.

VINGT-DEUXIÈME LETTRE.

Variations de la médecine physiologique.

> Ceux qui connaissent notre doctrine ne l'attaquent jamais; ils n'en parlent que pour exprimer leur admiration. Surtout, ils ne s'avisent jamais de vouloir la modifier, parce qu'ils savent que ses dogmes fondamentaux sont inébranlables.
> BROUSSAIS, *Annal.*, tome IV, *Annonc bibl.* p. 14.

Je vous ai souvent parlé des prétentions de M. Broussais à l'immutabilité, à l'éternité de sa doctrine. Ses prétentions seraient légitimes si la doctrine était vraie. En effet, les lois de la nature sont immuables; et lorsque la pensée d'un grand homme les a découvertes, l'œuvre du génie reste immuable comme elles. Si donc la doctrine *physiologique* est l'expression véritable des lois de la vie, elle ne changera pas; si elle change, nous reconnaîtrons à ses variations l'insuffisance et la vanité des principes sur lesquels elle est fondée.

Mais déjà vous avez pu voir, par l'exposé fidèle que je vous ai fait des opinions du réformateur, combien elles étaient loin de cette invariabilité à laquelle il ose prétendre. Les contradictions évidentes que je vous ai signalées dans mes précédentes lettres forment donc le premier chapitre des variations du système *physiologique ;* car là où existent deux opinions contradictoires, il n'y a plus unité.

J'entreprends aujourd'hui de vous exposer la suite de ces variations, et de vous prouver que si le maître n'est pas toujours d'accord avec lui-même, ceux qui marchent sous sa bannière ne s'accordent souvent ni avec lui, ni entre eux.

Lorsque, en 1816, M. Broussais publia ses premières idées de réforme, tous ceux qui l'approchaient gardèrent un silence respectueux. Après plus d'une année d'attente, un élève anonyme rompit enfin ce silence; et la réforme reçut la première adhésion publique [1]. Mais là commencèrent les dissidences ; car la profession de foi du nouvel adepte ne fut pas sans quelques restrictions. Le réformateur, étonné de trouver un disciple qui donnait l'exemple de l'indocilité, ne voulut faire aucune concession ; la dispute fut vive, quoique sans profit pour la science ; et les choses en restèrent là jusqu'à la publication du second *Examen* en 1821.

Cette fois, le maître avait tout dit. Il prétendait que si Hippocrate avait connu la gastrite, « les « siècles subséquens n'auraient eu presque rien

1 *Journ. univ.*, tome VII.

« à ajouter à la médecine; « ce qui signifiait sans doute que, puisque M. Broussais l'avait connue; ceux qui viendraient après lui n'auraient rien à faire. Cette prétention devait choquer ceux qui travaillaient déjà à exploiter les nouvelles idées pour leur compte ; et l'anonyme cité plus haut ne manqua pas une si belle occasion. « Parce qu'il nous « a fait connaître, dit-il, les signes de la gastrite « fébrile, et l'importance d'arrêter les maladies « dès leurs début, n'y a-t-il donc presque plus rien « à ajouter à la médecine [1] ? »

L'auteur de l'*Examen* crut qu'on lui tendait un piége en restreignant ainsi ses travaux à la découverte de la gastrite ; il craignit qu'on ne voulût s'approprier le fruit de ses méditations ; et il se hâta de déclarer, ce que je vous ai déjà dit, que les vérités de sa doctrine remplissent à tel point le cadre de la science, qu'il ne reste aucune place pour des propositions hétérogènes ; que ses élèves ne doivent en parler qu'avec admiration, et surtout ne s'aviser jamais de vouloir la modifier.

Dès ce moment, les disciples de M. Broussais se partagèrent en deux classes. Les uns, asservis strictement à ses dogmes, ne pensent que ce que le maître a pensé, ne disent que ce qu'il a dit, n'écrivent que ce qu'il a écrit ou dicté. Il n'y a chez eux ni jugement, ni volonté, ni spontanéité :

1 *Journ. univ.*, tome XXIII, page 176.

on dirait des serfs attachés à glèbe *physiologique*. Les autres, loin de justifier toutes les propositions du réformateur par ce seul mot, *il l'a dit*, doutent parfois de son infaillibilité, et ne craignent pas d'ajouter : *il s'est trompé*. C'est une licence que je me permets quelquefois, et que je suis loin de blâmer dans les autres; car, depuis Descartes, elle est devenue un précepte essentiel de la logique des sciences.

Toutefois, vous verrez que certains *physiologistes* dissidens ont fait un singulier abus d'un principe excellent en lui-même. N'ayant que des erreurs à substituer à des erreurs, ou des modifications sans importance à présenter, ils font des efforts inouis pour se soustraire à la puissance qui les domine. Disciples révoltés contre leur maître, ils saisissent toutes les occasions d'atténuer son mérite; ils l'attaquent sans cesse avec les argumens dont lui même leur a enseigné l'usage; ils dissèquent minutieusement sa doctrine pour lui donner une face nouvelle; et, après en avoir détaché quelques lambeaux, qu'ils façonnent à leur manière, ils s'écrient sérieusement : voilà notre ouvrage.

Remarquez d'abord que cette prétention de modifier la doctrine et de réformer le réformateur est un aveu solennel de leur part que cette doctrine est défectueuse. Vous allez voir avec quels matériaux ils essaient de réparer et de consolider un édifice qui tombe en ruines, avant même d'être achevé.

Commençons par les fondemens.

Quel est, en physiologie, le premier fait, le fait principal qui renferme en lui tous les autres? C'est la VIE. Qu'est-ce que la vie? M. Broussais n'en a pas donné la définition; il a craint sans doute de n'être pas plus heureux que les physiologistes et les philosophes qui l'ont précédé. Ses élèves sont moins timides. «La vie, dit l'un d'eux, « (M. Boisseau), est l'ensemble des actions qui ont « lieu dans les corps organisés, depuis le premier « instant de leur développement, jusqu'au mo- « ment ou leurs molécules rentrent sous l'empire « de l'affinité et de l'attraction [1]. » Pour une définition, la phrase est un peu longue. En voici une plus courte; elle est de MM. Roche et Sanson : « La vie est l'ensemble des effets produits par une « organisation donnée [2]. »

S'il fallait choisir, j'aimerais mieux la dernière. Cependant, elle ne peut pas soutenir le plus léger examen. Qu'est-ce, en effet, qu'une organisation donnée, dont les effets constituent la vie? Pour expliquer la vie par l'organisation, il faudrait d'abord nous dire ce que c'est que l'organisation. Jusque-là, on ne fait que reculer la difficulté; on définit une chose obscure par un mot plus obscur encore. A ce vice de logique, il faut ajouter une

1 *Pyrét. phys.*, p. 1.—2 *Nouv. élém. de path. méd. chirurg.*, p. 1.

erreur de fait. Voilà un cadavre : c'est sûrement un corps organisé, c'est une organisation donnée; d'où vient qu'il n'y a pas de vie? Il fallait donc, pour définir la vie, donner les conditions de l'organisation vivante, car il y a des corps organisés qui ne vivent pas.

L'auteur de la première définition semble avoir senti la force de cette objection, car il a cherché à la prévenir. Tandis que MM. Roche et Sanson trouvent la vie dans toute organisation, M. Boisseau ne l'admet dans les corps organisés que « depuis le premier instant de leur développement; « jusqu'au moment où leurs molécules rentrent « sous l'empire de l'affinité et de l'attraction. » Ce n'est là, comme vous voyez, qu'une paraphrase prolixe de la définition défectueuse, mais précise de Bichat [1].

Que signifie-t-elle d'ailleurs? Le temps où les corps organisés se développent est le temps pendant lequel ils vivent : le moment où ils rentrent sous l'empire de l'attraction et de l'affinité est le moment de leur mort. La définition de M. Boisseau se réduit donc à ceci : La vie est l'ensemble « des actions qui ont lieu dans les corps organisés « tant qu'ils sont vivans ; » ou, en d'autres termes: « La vie est ce qui a lieu quand on n'est pas « mort ; » proposition incontestable, et qui ne peut manquer d'avancer beaucoup la science.

1 « La vie est l'ensemble des fonctions qui résistent à la mort. »

Nous n'en sommes encore qu'au premier principe de la physiologie, et nous voilà déjà loin de la théorie de M. Broussais. En effet, les deux définitions que je viens d'examiner supposent que c'est l'organisation qui fait la vie, tandis que M. Broussais a placé bien au-delà de l'organisation la *force vitale* qui organise. Vous vous souvenez de cette force vitale, qui, au moyen de la *chimie vivante* et de la *contractilité*, ses deux instrumens, produit tous les tissus et toutes les fonctions [1]. Mais tandis que le maître proclamait ces principes comme éternels, un élève les traitait de « théorie « indigeste », et refusait de se soumettre à ce « fracas d'abstractions [2]. » Pour lui, il a conçu les choses d'une manière beaucoup plus simple; vous venez d'en voir la preuve dans cette belle définition qui dit que la vie est justement l'absence de la mort. Mais continuons.

Vous savez que M. Broussais n'admet qu'une seule PROPRIÉTÉ VITALE, qui est la *contractilité*, dont l'exercice, considéré dans chaque fibre en particulier, se réduit à un *raccourcissement* [3]. Vous avez facilement compris tout ce qu'il y a d'absurde dans la prétention de réduire tous les phénomènes vitaux à des raccourcissemens; quelques élèves l'ont compris aussi, car ils se ont écartés sur ce point de la théorie de leur maître. Voici ce

1 *Voyez* Lettre 1re, pag. 29. — 2 *Journ. univ.*, tome XXV, p. 281.
3 *Voyez* Lettre 11, page 22.

que pense M. Bégin : « Il n'existe, pour le physio-« logiste, qui embrasse d'un coup d'œil tout l'en-« semble des êtres organisés, d'autre propriété « vitale que *l'irritabilité*, c'est-à-dire, l'aptitude « que certains corps ont à recevoir l'impression « des corps qui leur sont étrangers, et à *se mouvoir* « à l'occasion de cette impression [1]. » Ici, tout se réduit également à un mouvement ; mais ce mouvement peut être conçu de mille manières. Il peut être d'expansion ou de contraction ; en un mot, il n'est pas restreint à un simple raccourcissement.

Toutefois, ce changement n'a pas convenu à M. Boisseau. « La définition que propose M. Bé-« gin, dit-il, convient également aux corps inor-« ganiques et aux corps organisés, aux métaux, « aux sels, aux végétaux et à l'homme [2]. M. Boisseau a donc changé la contractilité et l'irritabilité en *excitabilité* [3]. Celle-ci est l'aptitude d'un corps « organisé à *entrer en action* par suite de l'impres-« sion que les corps ambians exercent sur lui, ou « que les parties qui le composent exercent les « unes sur les autres [4]. » Pour faire voir en quoi sa définition diffère de la précédente, M. Boisseau ajoute : « Je dis *entrer en action* et non pas *se* « *mouvoir*, parce que l'analogie seule porte à pen-

1 *Princip. de physiol.*, pag. 5 — 2 *Journ. univ.* tome XXI, page 323.

3 Je n'ai pas besoin de vous faire remarquer que tous ces mots ne sont que des variantes de *l'Incitabilité* de Brown. Mais chacun veut avoir l'air d'innover, ne fût-ce que d'une syllabe. — 4 *Pyrét.*, p. 8.

« ser qu'il n'y a que du mouvement dans l'action « vitale. »

Voici donc la série de modifications que ce point fondamental de la doctrine a subie. M. Broussais explique tout par un *raccourcissement;* M. Bégin par un *mouvement*; M. Boisseau par une *entrée en action.* Il faut avouer que ce dernier n'est pas heureux dans ses substitutions. En effet, si le raccourcissement et le mouvement des deux premiers sont insuffisans, chacun de ces mots exprime néanmoins une idée positive; mais l'entrée en action n'exprime rien, car il existe des séries infinies d'actions, qui ne sont pas des actions vitales. M. Boisseau reproche à la définition de l'irritabilité de M. Bégin de convenir également aux sels et à l'homme; mais sa définition de l'excitabilité ne mérite-t-elle pas le même reproche un acide n'a-t-il pas *l'aptitude à entrer en action*, par suite du contact d'un alcali? Cette effervescence, cette combinaison, qui résultent du mélange, n'est-ce pas là une action bien manifeste? Je vous répète ici ce que je vous ai dit ailleurs: Tant qu'on ne parlera que vaguement d'action ou de réaction vitales, sans indiquer en quoi consistent cette réaction ou cette action, on ne dira que des non-sens, on n'écrira que des mots sans idées. Tant qu'on ne parlera que de mouvement, on ne donnera pas une idée suffisante de la vie; car celle-ci se compose de plusieurs actes distincts, tels que le mouvement, le sentiment, l'assimilation, phénomènes qui ne sauraient être conçus comme dépendans d'une même propriété. Voyez, au reste, ce que je vous ai dit sur ce point dans ma deuxième lettre; il serait inutile et fastidieux d'y revenir ici.

Je ne reviendrai pas non plus sur les LOIS VITALES de M. Broussais, qui sont, à ce qu'il assure, et qui devraient être en effet le fondement de sa doctrine théorique et pratique. Sans égard pour l'importance que le maître leur a donnée, un élève les a déclarées insuffisantes, évasives, prolixes, entachées d'ontologie, et les a signalées comme de vains produits de l'imagination [1]. Cependant, il en est une, et c'est la première, qui mérite une attention particulière, parce qu'elle devrait être la base de la théorie *physiologique*; parce qu'elle forme le véritable nœud de la question qui nous divise. Je vais la reprendre et l'examiner encore; car il faut s'expliquer nettement, et tracer la ligne de démarcation qui nous sépare de la nouvelle doctrine.

Soit un organe quelconque, vivant et agissant spontanément, n'importe d'où lui vienne la vie, n'importe le nom qu'on donne à la propriété en vertu de laquelle il agit (incitabilité, contractilité, irritabilité, principe vital, etc.): il est question de savoir, si les actes de cet organe seront toujours identiques et varieront seulement en plus ou en

1 *Journ, univ.* tome XXXI, pag. 92 et suiv.

moins; ou bien, si la vitalité de cet organe pourra être modifiée, changée par mille causes diverses, au point de donner des produits de différente nature, ne variant pas seulement en *quantité*, mais encore en *qualité;* en un mot, si cet organe pourra subir des modifications que nous appelons *spécifiques.*

Les *physiologistes* soutiennent la première opinion. Nous, nous soutenons la seconde. L'opinion des *physiologistes* remonte au dualisme de Brown, qui remonte lui-même au principe fondamental du méthodisme de Thémison et d'Asclépiade. La nôtre se retrouverait plutôt dans les écrits de Galien et d'Hippocrate. Ni l'une ni l'autre ne sont donc nouvelles; mais l'une et l'autre s'appuient sur les faits nouveaux, dont la science s'est enrichie.

Vous avez vu, en plusieurs endroits de mes Lettres, l'embarras et l'incertitude de M. Broussais, lorsqu'il est question de se prononcer pour la dichotomie brownienne. Il se demande si les modifications de la contractilité consistent uniquement dans une augmentation ou une diminution pure et simple de la contraction et du mouvement; et d'abord il n'ose point résoudre le problème; puis, il le résout en admettant autant de modifications diverses qu'il y a de modificateurs; plus loin, il divise ceux-ci en deux séries et n'admet que deux modifications, l'une en plus et l'autre en moins; ailleurs, il reconnaît que la vitalité peut pécher par excès, par défaut, ou par répugnance; enfin, il retombe dans la dichotomie pure et simple [1]. Quelques efforts qu'il fasse pour éviter ce point de contact avec Brown, M. Broussais est forcé d'y revenir malgré lui, parce que son système est fondé sur la même base que celui du réformateur écossais. Ses réticences, ses propositions évasives ne servent qu'à montrer son embarras et à le placer dans une fausse position; ses élèves eux-mêmes n'ont pu éviter de s'en apercevoir. « Il est « évident, dit M. Boisseau, qu'après avoir reculé de-« vant la difficulté du problème qu'il s'était proposé, « M. Broussais ne lui connaît pas d'autre solution « que l'admission du duel brownien..il est peu con-« séquent de ne point décider si les modifications « du mouvement vital n'ont lieu qu'en plus ou en « moins; puis d'en admettre autant que de modi-« ficateurs; et enfin de n'en reconnaître que de « deux sortes, les unes en plus, les autres en « moins [2]. »

Mais ce n'est pas le maître seul qui s'est rendu coupable de cette inconséquence. Un des élèves distingués de la doctrine, M. Bégin, arrivé au point de la discussion qui nous occupe, recula devant l'idée de couper la physiologie et la pathologie en deux parts, et de réduire toute la thérapeutique à deux indications. « Ce système, disait-

1 *Voyez* Lettre III pag, 58, 57., Lettre IX pag. 169. — 2 *Journ. univ.*, tome XXVI. pag. 93.

« il favorise trop l'ignorance et l'arbitraire [1]. » Aujourd'hui ce n'est plus cela : M. Bégin ne voit plus que deux grandes classes de médications, la stimulation et la sédation : il n'admet plus que deux remèdes, et il a fait deux volumes pour nous dire que tout se réduisait à augmenter ou à diminuer l'irritabilité qui ne peut pécher que par excès ou par défaut [2].

De 1821 à 1825, on conçoit la possibilité d'un pareil changement dans les idées *physiologiques* de M. Bégin ; mais ce que je ne conçois pas, c'est que, au moment même où il rétracte, dans sa Thérapeutique, les concessions qu'il avait faites dans sa Physiologie, le même auteur publie un mémoire où il renouvelle ces concessions. « L'impulsion nerveuse, dit-il, est *augmentée*, « *diminuée*, ou *déviée* de sa direction ordinaire; » et un peu plus loin : « les modifications sympathi- « ques de la puissance nerveuse consistent dans « l'*augmentation*, la *diminution*, ou la *direction* « *vicieuse* de son action [3]. »

Vous voyez que ce *physiologiste* sait se ménager des subterfuges ; il professe en même temps deux opinions contradictoires, pour s'appuyer de l'une ou de l'autre, suivant le temps et les circonstances. Si les dichotomistes purs l'accusaient d'inconséquence, il pourra leur dire qu'il est dicho-

1 *Princip. de physiol.* p. 130 — 2 *Thérapeutique.* — 3 *Journ. complém.* août 1825, pag. 101 et 115.

tomiste pur, puisqu'il n'admet que deux séries de médicamens; et si les partisans des spécifiques le pressent un peu, il leur citera ses déviations et ses directions vicieuses, qui ne sont que des modifications spécifiques.

M. Boisseau est plus sévère sur cet article : il s'est toujours prononcé pour la dichotomie pure et simple. Il ne veut que deux divisions tranchées en physiologie comme en pathologie : aussi, vous avez vu à quelle conséquence il est arrivé. Pour lui, le plaisir et la douleur sont la même chose à un degré différent [1]; conséquence absurde, qu'aucun autre *physiologiste* n'a osé répéter, et que M. Boisseau lui-même a cherché à déguiser autant qu'il a pu, par des expressions ambiguës, dans la seconde édition de son ouvrage [2].

Sans entrer dans de plus grands détails sur la Physiologie de M. Broussais, qui du reste a été fort peu étudiée par ses élèves, je passe tout de suite à la Pathologie, en continuant la discussion du principe dichotomique.

La santé résulte de l'intégrité parfaite des organes. La maladie est produite par leur altération. Mais de quelle manière peuvent-ils être altérés? M. Broussais dit qu'ils peuvent l'être de trois manières; 1° ou parce qu'ils ont été *trop* excités; 2° ou parce qu'ils l'ont été *trop peu;*

1 *Voyez* Lettre VI, pag. 123. — 2 *Pyrét.*, pag. 13, 1re édit., p. 11, 2e édit.

3° ou parce qu'ils ont été excités d'une manière qui leur *répugne* [1]. L'excitation en plus produit l'irritation ; l'excitation en moins produit la débilité ; l'excitation qui répugne, que produit-elle ? le réformateur n'en dit rien. Admettrait-il des maladies, dans lesquelles il y aurait autre chose que de l'irritation ou de la faiblesse, et qui seraient alors des maladies spécifiques ? M. Brous-« sais, pose lui-même la question [2], dit M. Goupil, « mais il n'y répond pas encore ; toutefois, il s'est « déjà assez expliqué sur cet objet, pour nous « donner la certitude que s'il admet quelque « chose de spécifique dans certaines maladies, « ce n'est que dans le mode d'action de leurs « causes [3]. »

M. Broussais admet donc des causes spécifiques; mais cette concession déplaît encore à M. Boisseau. « En vain, dit-il, M. Broussais porte la spéci-« ficité des maladies dans leurs causes ; on lui « demandera s'il n'est pas nécessaire qu'une cause « spécifique occasionne une maladie spécifique [4]. » M. Boisseau a raison ; la conséquence est inévita-

1 *Voyez* lettre IX, pag. 169.

2 Je vous ai parlé des prétentions singulières de certains élèves : en voici un exemple entre mille. A l'occasion de cette phrase de M. Goupil, M. Boisseau s'exprime ainsi : « Ce n'est pas M. Broussais qui » a posé la question ; c'est moi. M. Broussais ne la comprend pas. » (*Journ. univ.*, tome XXXIV, pag. 342. Eh ! messsieurs, pourquoi vous disputer ce qui ne vous appartient ni aux uns ni aux autres ? Vous savez bien que c'est Brown qui l'a posée cette question, et que vous n'avez fait que retourner le brownisme.

3 *Exposit. des Princip.*, etc. — 4 *Journ. Univ.* tome XXXIX, p. 34.

ble ; mais nier les causes spécifiques, ce n'est prouver qu'elles n'existent pas ; nier la différence spécifique qu'il y a entre l'agent vaccinal et l'agent variolique, ce n'est pas prouver que ces agens sont les mêmes, et qu'ils produisent la même action. M. Boisseau a beau se révolter contre l'évidence ; ses dénégations ne persuadent personne, et n'ont pas empêché MM. Roche et Sanson de conserver le nom qu'il voudrait proscrire à certaines causes de maladies qui, « inconnues dans « leur essence, produisent toujours les mêmes af- « fections, et qu'on désigne par le nom de *spé- « cifique* [1]. »

Voilà donc les causes spécifiques, admises par M. Broussais, rejetées par M. Boisseau, et reconnues par MM. Roche et Sanson. Je ne parle pas de M. Bégin : vous avez vu qu'il peut soutenir à cet égard le pour et le contre.

Enfin, les causes morbides ont agi sur un organe ; cet organe est malade, il est irrité. Quest-ce que la MALADIE ? qu'est-ce que l'IRRITATION ?

Ici finit la physiologie et commence la pathologie. Pour les dichotomistes, celle-ci n'est que la suite de celle-là. Supposez (et c'est M. Broussais lui-même qui emploie cette comparaison [2],) les phénomènes physiologiques grossis par une loupe, et vous aurez les phénomènes pathologiques. Les *physiologistes* sont tous d'accord sur le principe;

1 Ouv. cit. p. 4. — 2 *Physiol.*, tome 1, page 25.

mais voici en quoi ils diffèrent. M. Broussais considérant l'irritation comme une exaltation des propriétés vitales, une augmentation des phénomènes qui attestent l'état de vie [1], il est évident qu'un organe irrité devrait remplir ses fonctions avec plus de rapidité et d'énergie, car c'est par l'exercice de ses fonctions qu'un organe manifeste sa vitalité; or, cela est tout à fait insoutenable, puisque les organes malades sont manifestement incapables de remplir leurs fonctions, et c'est même pour cela qu'ils sont malades; il y a donc un vice radical dans la définition de M. Broussais, et dans sa manière de concevoir l'irritation.

Quelques-uns de ses élèves s'en sont aperçus, et ont cherché à corriger encore ici la doctrine. Ainsi, M. Boisseau, après avoir posé en principe que l'irritation se manifeste « par une énergie in- « solite dans les *fonctions*, » que, lorsqu'on n'a pas d'autres signes, il ne reste d'autre indice de l'irritation que « la suractivité de la *fonction* [2], » M. Boisseau, dis-je, s'aperçoit bientôt combien il est ridicule de prétendre qu'un organe n'est malade que parce qu'il remplit sa fonction avec trop d'énergie; alors, il a recours à une distinction singulière. Suivant lui, il y a dans un organe irrité excès ou *sthénie de nutrition*; et faiblesse ou *asthénie de fonction* [3]. Mais cette nouvelle supposition, qui contredit formellement la première, est

1 *Examen*, prop. 74 — 2 *Pyrét.*, page 27. 28. — 3 *ibid.*, page 36.

encore fausse. Un organe malade ne se nourrit pas plus qu'un organe sain; au contraire, il se nourrit moins. S'il arrive un moment qu'un tissu enflammé s'épaissit, il arrive plus souvent encore qu'il se désorganise par la suppuration, qu'il se détruit par l'ulcération, qu'il se mortifie par la gangrène : où est alors cette prétendue sthénie de nutrition? La distinction de M. Boisseau est donc une pure subtilité scolastique, imaginée pour éluder l'objection : elle ne change rien à la théorie de M. Broussais; elle n'est différente que dans l'expression.

MM. Roche et Sanson ont abordé plus franchement la difficulté, en avouant que la fonction est d'autant plus empêchée que l'organe est plus malade [1]. Pour eux, il n'y a donc pas suractivité de la fonction dans l'irritation, mais seulement « augmentation de l'action organique [2]. » Qu'entendent-ils par l'*action organique?* MM. Roche et Sanson désignent par cette expression la série des mouvemens de composition et de décomposition *communs à tous les tissus;* et distinguent cet ordre de phénomènes de ceux qui sont *différens pour chaque tissu*, et qu'on appelle fonctions [3]. Il y a donc, suivant eux, dans un organe irrité *sthénie d'action organique* et *asthénie de fonction.* C'est, en d'autres termes, la même distinction que celle que je viens d'examiner; ce sont les mêmes sub-

1 Ouvr. cit., page 32. — 2 *ibid.* — 3 *ibid.* pag. 31.

tilités. Remarquez, en effet, que les phénomènes communs ne peuvent pas être séparés des phénomènes particuliers. La fonction ne s'exerce que par l'action organique. Suspendez celle-ci, celle-là ne pourra plus avoir lieu. Augmentez la première, la seconde devra nécessairement être augmentée : c'est ce qui arrive dans tous les cas de surexcitation physiologique, lorsque, par exemple, les glandes salivaires surexcitées sécrètent plus de salive.

Mais du moment qu'il y a maladie, la fonction cesse ou s'affaiblit notablement, non point parce que l'action organique est accrue, mais parce qu'elle est *déviée ;* elle peut conserver la même force, la même activité qu'elle avait dans l'état naturel ; mais cette force est employée dans un autre sens.

Au reste, le principe de MM. Roche et Sanson les conduit, à leur insu, à une inconséquence dans l'application. Après avoir admis l'augmentation de nutrition ou d'action organique comme caractère fondamental de l'irritation, ils admettent une irritation nerveuse « sans appel appré- « ciable de fluides [1] », et par conséquent sans augmentation de nutrition ; c'est-à-dire une irritation qui, d'après leur propre définition, n'en est pas une.

Quelques efforts qu'ils fassent, les *physiologistes* ne peuvent donc pas s'entendre sur le phé-

1 Ouvr. cit., pag 45.

nomène de l'irritation; et cela, parce que leur théorie est radicalement vicieuse, en ce qu'elle suppose que la vie n'est qu'exagérée dans les organes irrités. Non, il n'y a pas seulement exagération; il y a perversion, déviation. Les tissus malades ne sont pas *plus* vivans que les tissus sains; ils sont *autrement* vivans. Ils sont le siége de phénomènes tout différens de ceux de la santé; ils remplissent d'autres fonctions; ils engendrent de nouveaux produits. Leurs propriétés, dit Bichat, ne sont pas seulement augmentées, elles sont encore dénaturées. Pour moi, je dis qu'ils manifestent dans l'état de maladie de nouvelles propriétés, qu'ils ne possédaient pas dans l'état de santé, ou que du moins l'état sain ne laissait pas apercevoir. La douleur n'est pas l'exaltation de la sensibilité ordinaire; elle ne saurait être la continuation du plaisir. C'est un nouveau sens qui se développe dans certaines circonstances, et qui reste inconnu, jusqu'à ce que ces circonstances se présentent pour le mettre en évidence; comme les sens de la vue, de l'ouïe, du goût, de l'odorat, du toucher, ne deviennent manifestes que lorsque leurs excitans naturels, la lumière, le son, etc., viennent nous en révéler l'existence.

Mais j'ai traité ces questions assez au long, dans mes précédentes lettres [1], pour ne pas y revenir ici. Ce que je vous ai dit à ce sujet dé-

1 *Voyez* sur la nécessité de séparer la pathologie de la physiologie, sur la non identite de l'excitation physiologique et de l'irritation pa-

coule si rigoureusement de la discussion logique des faits, qu'un profond métaphysicien, d'ailleurs grand admirateur de M. Broussais, est arrivé à la même conséquence que moi par la force seule du raisonnement. Dans l'intention de servir la doctrine de l'irritation, en l'expliquant à sa manière pour la rendre plus sensible ; et cherchant à se rendre raison de ce phénomène pathologique, M. Charles Remusat a dit :

« Le but de toute organisation est une certaine

hologique, ce que j'ai dit dans mes Lettres sur les *sens externes*, page 90, la *maladie et l'irritation*, page 166, l'*inflammation*, p. 196, les *fièvres éruptives*, page 320, la *gastrite chronique*, page 373, les *névroses*, page 451. Des idées analogues ayant été développées depuis par M. Prus, dans l'introduction de son ouvrage sur l'*Irritation et la Phlegmasie*, M. Broussais, cédant enfin à l'évidence, vient, à ce sujet, de faire un aveu extrêmement remarquable, et qui mérite une place toute particulière dans l'histoire des *Variations*.

Avant de citer ce passage, je dois vous rappeler ceux où le réformateur compare les phénomènes pathologiques aux phénomènes physiologiques grossis par une loupe (*) ; où il dit que l'érection vitale prend indifféremment le nom d'irritation, de surirritation, de surexcitation, suivant ses divers degrés d'intensité (**) ; que l'irritation transmise est de même nature que l'irritation primitive ; que *c'est toujours essentiellement le même phénomène* (***) etc., etc. S'il est dans la doctrine *physiologique* un principe fixe et positif, c'est sûrement celui-là ; je dirai plus, c'est sur lui que reposent tous les autres. Eh bien ! M. Broussais le sacrifie d'un trait de plume. Cette identité de nature entre l'érection physiologique et l'irritation pathologique, qu'il a pris tant de peine à établir, il ose à peine aujourd'hui la défendre. « Sans doute, » dit-il, *il n'y a pas identité* entre le sens du mot santé, et celui du mot » maladie ; mais *il y a de l'analogie* entre ces deux états. » (*Annal.* octobre 1825, p. 371). Ainsi, des phénomènes qui étaient naguère *essentiellement les mêmes* ne sont plus aujourd'hui qu'*analogues*. Pour appuyer sa nouvelle assertion. M. Broussais cite un exemple. « Il y a, » dit-il, une grande analogie entre une *digestion anormale* et une *di-*

(*) *Physiol.*, pag 25. — (**) *Ibid.*, 3e loi vitale. — (***) *Ibid.*, 8e loi.

« fonction : l'organe ne mérite son nom que s'il la « remplit. L'organe qui ne la remplit pas ou la « remplit mal est malade, c'est à dire que l'orga- « nisation en est troublée, en un mot, il est *moins* « organe. Toute maladie est donc un commence- « ment de désorganisation [1]. »

Cette excellente définition brise le premier an-

» *gestion normale ;* l'une et l'autre excitent les mêmes organes primiti- » vement et sympathiquement... Il y a de l'analogie entre l'action du » froid *qui ne dérange pas* les fonctions du poumon, et l'action de ce » même froid *qui les dérange*, puisque dans l'un et l'autre cas, le pou- » mon se trouve forcé à un surcroît d'action vitale. Je pourrais multi- » plier ces sortes d'analogies; mais cela serait inutile, etc. (*)» Vous le voyez, M. Broussais touche à la question ; mais il n'ose pas l'abor- der, il reste à côté. Qu'est-ce qu'une digestion anormale ? Qu'est-ce qu'un dérangement du poumon? Sont-ce là des types de maladie ? comparez, comme je l'ai fait, la sécrétion normale de la salive à la sécrétion anormale du pus : comparez la suppuration, l'ulcération, la désorganisation avec les fonctions physiologiques; et dites-nous s'il y a identité, si même il y a la moindre analogie. Quoi qu'il en soit, le premier pas est fait; nous verrons si le réformateur donnera quelque suite à un aveu qui ébranle sa doctrine jusqu'aux fondemens.

1 Ce passage se trouve dans une lettre adressée *au fondateur de la médecine physiologique* dans le tome v des *Annales*. Elle est signée C. R. (Charles Remusat), et a été attribuée par M. Bégin à M. Broussais lui même. C'est une erreur : M. Broussais ne connaît pas assez la langue métaphysique pour en avoir écrit une seule page ; mais il a fourni sans doute quelques matériaux à M. Remusat, puisque ce dernier a répété les déclamations de M. Broussais contre l'ontologie. Toutefois, la justesse d'esprit est si naturelle à M. R., que, ramené, vers la fin de sa lettre, à la spéculation métaphysique, il a cru né- cessaire de justifier M. Broussais lui-même du reproche d'ontologie ; et il l'a fait avec une grande supériorité de raison. Mais il n'a pas vu que ce reproche, adressé à M. Broussais n'est qu'une juste représaille. Qui aurait songé à l'accuser d'ontologie, s'il n'avait fait lui-même cette puérile découverte dans les écrits d'Hippocrate et des médecins de tous les temps ?

(*) Annales, tome VIII, pag. 571.

neau de la chaîne *physiologique*. Elle est exactement l'opposé de celle de M. Broussais ; car, dans le système de celui-ci, un organe malade par irritation est *plus* organe. Un esprit juste n'a pu concevoir que l'état pathologique pût être seulement la suite et l'augmentation de l'état physiologique ; que la maladie ne fût que la santé vue au microscope. Forcé par les notions insuffisantes qu'il avait de la doctrine *physiologique*, de la deviner, en quelque sorte, de la construire lui même de toutes pièces, m. Remusat pose un principe qui exclut celui du réformateur, dont il voulait préconiser la réforme. Moins sévères dans leurs raisonnemens, les *physiologistes* sont partis d'un point opposé, et ont commencé par admettre un principe contradictoire aux faits les plus évidens

Si les démonstrations que je vous en ai données ne suffisaient pas, vous en trouveriez une preuve péremptoire dans les dénominations innombrables et contradictoires qu'ils ont déjà données à l'irritation, dans la torture qu'ils ont fait subir aux mots pour les concilier avec les choses. C'est ainsi que vous avez vu M. Broussais créer une irritation inflammatoire *rouge* et une irritation sub-inflammatoire *blanche ;* une irritation *hémorrhagique*, qui fait couler le sang, et une irritation *astringente*, qui l'empêche de couler ; une irritation *nerveuse*, qui n'a point de signes ; une irritation *médicamenteuse*, qui guérit les autres irritations; une irritation *dissimulée*, qui n'est presque rien, et une irritation *dénaturée*, qui n'est plus irritation; à quoi les élèves ont ajouté une irritation *nutritive*, qui nourrit les tissus, et une irritation *ulcéreuse*, qui les dévore; une irritation *hypertrophique*, qui grossit les organes, et une irritation *atrophique*, qui les rappetisse; une irritation *évacuative*, une irritation *transformatrice*, une irritation *dégénératrice*[1]... Que sais-je? Puisqu'ils concluent de tout qu'il y a irritation, il faut bien qu'ils inventent des mots pour s'entendre; et je ne voudrais pas dire où s'arrêtera cette monstrueuse nomenclature.

Une seule remarque doit vous suffire : rappelez-vous la définition de l'irritation, appliquez-la à chacune de ces espèces; et cherchez à deviner, si vous pouvez, comment l'augmentation de l'action organique peut devenir une *transformation*, une *dégénération*, une *diminution* dans l'atrophie, sans cesser pour cela d'être une simple *augmentation.*

Mais pourquoi vous rappelé-je cette définition? Les *physiologistes* l'ont déjà oubliée, car ils élèvent la question de savoir s'il n'y a, entre toutes ces formes de l'irritation, que des différences de degré[2]; ce qui revient à demander si l'irritation est toujours la même. Cette question m'étonne de la part de MM. Roche et Sanson. En effet, ce sont eux surtout qui ont considéré l'irritation comme l'augmentation d'un phénomène *commun à tous les tissus*. Comment ce qui est commun à

1 *Dict. abrég.*, article *Irritation*.—2 *Elém. de path.*, pag. 44.

tous les tissus pourrait-il différer dans chaque tissu autrement que par le degré ? M. Broussais, en *dénaturant* l'irritation, peut en faire ce qu'il voudra, car une chose dénaturée n'est plus la même chose : mais ceux qui se piquent d'être conséquens ne doivent pas reculer devant la conséquence de leurs principes. C'est pourtant ce que font nos deux *physiologistes,* lorsqu'ils se demandent s'il n'y a dans toutes les formes de l'irritation que des différences de degré. M. Boisseau répond : oui. MM. Roche et Sanson n'osent pas répondre : non; mais, disent-ils, « cette opinion est « susceptible de quelques objections, dont nous « n'entrevoyons pas la réponse. Ainsi les inflam- « mations, les hémorrhagies et les névroses sont « susceptibles chacune de plusieurs degrés d'in- « tensité ; et il est loin d'être démontré que le plus « haut degré de la névrose soit au-dessous du « plus bas degré de l'irritation hémorrhagique ; « le plus haut degré de celle-ci au dessous du « degré inférieur de l'irritation inflammatoire. « Au contraire, il est telle inflammation, dans « laquelle l'irritation est beaucoup moins forte que « dans telle hémorrhagie ou telle névrose. Il « nous semble donc moins hasardé de voir, dans « ces formes de l'irritation, des variétés ou des « *modifications* de cet état morbide, modifications « dont les caractères sont bien déterminés et « nullement vagues [1]. »

1 Ouvr. cité, p. 44.

N'en déplaise à ces deux *physiologistes*, il n'y a rien de plus vague que des modifications ou des variétés, lorsqu'on n'admet pas que ce sont de simples degrés d'intensité. Il faut dire positivement en quoi consistent ces modifications; sans cela, on ne dit qu'un mot qui ne représente aucune idée. Étrange contradiction! MM. Roche et Sanson veulent appuyer toute leur doctrine sur les *modifications* de l'irritation; et, à trois pages de distance, ils réfutent ceux qui attribuent certains phénomènes aux diverses *modifications* des tissus. « Quoi de plus vague, disent-ils? Quel phénomène « vital, si minime qu'il soit, qui ne dépende d'une « *modification particulière* d'un tissu? n'est-ce « pas là se payer de mots [1]? » N'est-ce pas là, dirai-je à mon tour, le cas de s'écrier avec M. Broussais: « Comment est-il possible de se contredire « soi-même dans un si court espace [2]? »

Toutefois, après avoir si formellement proscrit les modifications des tissus, nos deux auteurs tiennent tant aux modifications de l'irritation, qu'ils vont chercher un objet de comparaison dans une science étrangère. Ils rappellent que l'affinité seule, diversement modifiée, suffit aux chimistes pour expliquer tous les phénomènes; et ils demandent si les antagonistes de la théorie de l'irritation ont jamais fait cette réflexion. Oui certainement, ils l'ont faite, et ils n'ont pas été convaincus.

1 Ouvr. cit., pag. 39. — 2 *Exam.*, pag. 552.

Pourquoi ? parce que les chimistes ne *dénaturent* jamais l'affinité pour la faire servir à leurs explications. Quelque compliqués que soient les phénomènes chimiques, ils ne sont explicables et expliqués par l'affinité, que lorsque l'analyse les réduit à de simples combinaisons, à de simples rapprochemens d'un corps vers un autre. Il n'y a jamais dans l'affinité que des différences de degré; car tout se réduit, en dernière analyse, à cette proposition : tel corps à plus ou moins d'affinité pour tel autre.

Mais ce qui exclut toute analogie entre l'irritation et l'affinité, c'est que celle-ci peut être rigoureusement calculée dans ses effets. Les chimistes ont des échelles d'affinité, des tables de proportions chimiques. Etablissez des tables semblables pour l'irritation; une fois pour toutes, faites une échelle physiologique, sur laquelle vous marquerez tous les degrés d'irritation, et mettrez chaque maladie irritative à une place déterminée; et nous verrons. Jusque-là, vous n'inventez que des mots; vous trompez le lecteur, suivant l'expression de votre maître, par des différences d'expression, qui n'indiquent point des différences réelles [1].

Si les *physiologistes* ne sont pas d'accord sur l'irritation en général, ils ne s'entendent pas davantage sur les diverses formes qu'elle peut

[1] *Exam.*, pag. 435.

revêtir. M. Broussais en admet quatre principales, qui sont : l'inflammation, l'hémorrhagie, la subinflammation et la névrose. Voici ce que M. Boisseau pense de cette division : « Appeler irritation « *nerveuse* celle des filets nerveux que l'on sup- « pose accompagner les dernières ramifications « vasculaires ; donner les noms d'*inflammation* « à l'irritation des vaisseaux capillaires sanguins, « de *sub-inflammation* à l'irritation des vaisseaux « exhalans et absorbans, c'est placer le siége des « maladies dans des parties sur lesquelles nos « sens ont peu de prise ; c'est retomber dans des « hypothèses insoutenables en théorie et nuisibles « en pratique ; c'est établir des distinctions subti- « les que l'anatomie, la physiologie et la logique « réprouvent [1]. » C'est ainsi que la *physiologie* du maître est réprouvée par la *physiologie* de l'élève. A laquelle des deux croirons-nous ? Mais nous avons bien d'autres doutes à éclaircir.

Le traitement des irritations se compose, selon M. Broussais, de quatre moyens thérapeutiques, savoir : les débilitans, les révulsifs, les toniques fixes et les stimulans diffusibles [2]. J'ai fait contre l'emploi des deux derniers de ces moyens des objections auxquelles les partisans les plus décidés de la doctrine n'ont pu rien répondre ; ils ont cru pouvoir éluder celles que j'ai faites sur les révulsifs ; mais ce n'est qu'en dénaturant complètement les axiomes du maître.

1 *Pyrét.*, pag. 30. — 2 Lettre IX, pag. 178.

Le principe fondamental de M. Broussais sur la RÉVULSION est que l'irritation révulsive, pour être efficace, doit être plus forte que l'irritation primitive. Sans cela, celle-ci ne serait point révulsée; elle serait, au contraire, augmentée de l'irritation artificielle dirigée contre elle [1]. Ce principe était naguère admis par tous les *physiologistes*: j'en ai fait l'application rigoureuse à un grand nombre de maladies [2]; et j'ai prouvé mathématiquement que jamais la révulsion, considérée de cette manière, ne pouvait guérir une irritation, sans en donner une plus forte et souvent plus grave. Déconcertés par la puissance des chiffres, les *physiologistes* ont eu recours à toute sorte de subtilités.

Ainsi, lorsque j'objectai à M. Richond que si l'iode guérissait le goître par révulsion, il ne pourrait le faire qu'en donnant une gastrite; que si le baume de copahu guérissait par révulsion une irritation blennorrhagique forte comme 5, il devrait nécessairement produire une irritation gastrique forte comme 6; il répondit que cela n'était pas nécessaire, attendu qu'il y avait des *révulsions d'action*, qui pouvaient guérir de véritables irritations morbides [3]. Il citait pour exemple les alimens de bonne qualité, les frictions sèches, l'exercice, un air pur, etc. qui, selon lui,

1 *Exam.*, prop., 92, 94, 287, 288. — 2 *Lettres*, pag. 262, 343, 432, etc. — 3 *Gazette de Santé* 1824, pag. 141.

en déterminant des révulsions d'action sur les systèmes musculaire et sanguin, pouvaient guérir les scrophules, que M. Broussais regarde comme des irritations du système lymphatique. Il est évident que M. Richond abandonnait ici la doctrine qu'il voulait défendre; car cette doctrine enseigne que l'action physiologique est toujours en dessous de l'irritation pathologique. Faire révulser celle-ci par celle-là, c'était donc renoncer à ses principes; c'était renier la doctrine du maître.

MM. Roche et Sanson semblent vouloir l'adopter plus franchement, en établissant d'une manière positive que: «pour être efficace, l'irritation ré« vulsive doit être plus forte que l'irritation « morbide [1];» mais remarquez la subtilité. La force de l'irritation ne se mesure pas, suivant eux, par la force de la douleur, mais seulement par l'appel des fluides. «C'est ainsi, disent-ils, « qu'une sueur abondante, ou un large vésica« toire, qui ne produit pas la moindre douleur, « mais qui détermine un afflux considérable de « sérosité, sont des irritations plus fortes que la « pleurésie aiguë, mais circonscrite, qu'elles font « disparaître [2].» Quoi? une sueur abondante est une irritation! et cette irritation est plus forte qu'une pleurésie aiguë! «C'est encore ainsi, ajou« tent-ils, qu'une éruption cutanée, qui ne cause

1 Ouv. cit., pag. 79. — 2 *Ibid.*

« que de la démangeaison à la peau, est cepen-« dant une irritation plus forte que la phlegmasie « gastro-intestinale dont elle opère la révulsion. Si « le prurit de toute l'éruption cutanée, et l'injection « sanguine qui l'accompagne, étaient rassemblés « dans un espace aussi restreint que celui de la « phlegmasie intérieure, il en résulterait une in-« flammation bien certainement supérieure à celle-« ci : c'est en quelque sorte une *révulsion dissé-« minée* qui a lieu dans ce cas [1]. »

Quel étrange abus de langage! et quelle cause plus désespérée que celle qui, pour se soutenir, a recours à de telles subtilités? Ainsi donc, si l'on recueillait l'irritation disséminée sur toute la surface cutanée, pour la concentrer sur un seul point, ce point serait plus irrité que l'estomac atteint de gastrite. Nos *physiologistes* ont-ils vu toute la portée d'une semblable explication? Ils considèrent donc l'irritation comme un être matériel, comme un corps élastique, qui, en s'étendant, perd de son épaisseur, pour la reprendre en revenant sur lui-même. Jamais les prétendus ontologistes ont-ils fait aussi positivement de l'ontologie? Faut-il rappeler à MM. Roche et Sanson que l'irritation n'est autre chose que l'état d'un tissu irrité; que tel tissu étant plus ou moins irrité que tel autre, l'irritation du tissu voisin ne peut rien changer au degré respectif d'irritation des deux

1 Ouv. cit. pag. 80. M. Bégin, *Thérapeutiq.* p. 742

premiers? Si chaque portion de la peau en particulier est moins irritée que l'estomac, toutes les portions réunies de la surface cutanée, se trouvant au même degré, seront également moins irritées; et l'irritation de l'estomac restera la plus forte. Dès-lors la révulsion est impossible; et s'il y a révulsion, c'est que, contre le principe *physiologique*, ce sera l'irritation la plus faible qui aura triomphé de la plus forte. Cette conséquence est tellement rigoureuse, que M. Bégin vient enfin de s'y soumettre et de proclamer un axiome opposé à celui de M. Broussais, en reconnaissant qu'une irritation très-intense peut être révulsées par une irritation moins intense [1].

Cette concession a été évidemment arrachée par les objections capitales faites à la théorie de la révulsion; je ne sais si M. Broussais y souscrira; mais il est certain qu'elle change complètement la doctrine *physiologique;* ce qui n'empêche pas qu'elle ne soit immuable et éternelle, car M. Broussais nous l'a dit.

J'ai beaucoup insisté sur la théorie de l'irritation, parce que c'est là le point fondamental de la nouvelle doctrine. Certains élèves ne l'appellent même plus la doctrine de M. Broussais, mais bien la doctrine de l'irritation; il est malheureux qu'ils s'entendent si peu sur ce qui fait la base de leur système.

Je vois que ma lettre serait trop longue si je

[1] Ouv. cit., pag 747.

voulais entrer dans tous les détails et vous montrer toutes les variations des modernes réformateurs. Forcé de me renfermer dans de justes limites, je ne toucherai que les sommités, et ne vous entretiendrai que des questions principales.

L'INFLAMMATION est la forme la plus commune et le degré le plus intense de l'irritation. C'est elle qui le plus souvent désorganise les tissus et cause la mort. Cependant les *physiologistes* rattachent à ce phénomène un grand nombre de maladies qui ne sont pas inflammatoires, et qui ne laissent pas des traces sensibles sur le cadavre. Vous avez vu que M. Broussais en restreignait les signes autant qu'il pouvait, et la dépouillait successivement de ses caractères les plus essentiels [1]. Cependant, tout en arrivant à ce résultat par des propositions détournées, il n'a pas osé le consacrer en principe. Mais comme les faits venaient souvent démentir la théorie *physiologique*, et montrer que là où l'on avait supposé l'inflammation, l'autopsie ne montrait aucune trace de son existence, les élèves sont venus au secours du maître, et M. Boisseau a mis les *physiologistes* à l'aise, en affirmant que l'irritation, portée au plus haut degré, ce qui équivaut sans doute à l'inflammation, « peut avoir « lieu sans qu'aucun symptôme en révèle l'exis- « tence, lors même qu'elle est très intense et si- « tuée dans un organe principal ; » que « l'irri-

1 Lettre XII, page 273.

« tation peut faire périr les sujets sans donner « lieu à aucun signe caractéristique de son siége « et sans laisser de traces dans les cadavres [1]. » Vous voyez qu'avec de pareils principes, il n'est pas difficile de trouver l'irritation partout où l'on veut. Au besoin même on pourrait la trouver sur un caillou tout aussi bien que sur un organe quelconque. M. Broussais, dont les exceptions et les restrictions continuelles conduisaient inévitablement à ce résultat, n'a pas voulu cependant l'avouer; bien plus, il a fait relever amèrement par un autre élève l'assertion indiscrète du premier. Il veut bien qu'on trouve l'irritation et l'inflammation là où elles ne se manifestent par aucun signe, ni pendant la vie, ni après la mort; mais il ne veut pas qu'on érige en principe ce qui ne doit être qu'une ressource éventuelle dans un cas embarrassant. Vous allez voir un nouvel exemple de cette tactique dans la théorie des phénomènes fébriles.

Du moment que l'inflammation s'élève à un certain degré, elle développe des sympathies; et en se répétant sur le cœur, elle détermine la FIÈVRE [3]. Au commencement de la réforme, M. Broussais, prétendait que le mouvement fébrile ne pouvait exister sans que l'irritation du cœur ne fût partagée ou mieux provoquée par celle de l'estomac. « Toutes les fois, disait-il, qu'un organe « est assez irrité pour allumer la fièvre, il ne la

1 *Ouv. cit.*, pag. 26, 27. — 2 *Annales*, tom. IV. — 3 *Exam.*, p. 115.

« produit jamais que par l'intermède de l'irritation « réunie du cœur et des membranes muqueuses, « surtout gastriques [1]. » Il s'éleva dans son école même une opposition décidée contre cette théorie toute gastrique; et M. Broussais, dans son second *Examen*, modifia ses idées, en admettant un mouvement fébrile dépendant de l'irritation seule du cœur [2]; en déclarant que l'irritation était transmise à l'estomac, non pas toujours, mais *presque* toujours [3]. Enfin, en signalant quelques fièvres *sans complication gastrique*[4].

Pour rendre son idée plus claire et dissiper toute espèce de doute à cet égard, il établit plus tard, dans une déclaration signée par M. Ferrez, que la phlegmasie gastrique n'est pas nécessairement liée à l'état fébrile; que les fièvres symptomatiques proviennent « de l'inflammation « d'une partie quelconque du corps, d'une angine, « d'une pneumonie, d'une blessure, etc., et que « ce ne sont pas celles-là que la doctrine physiolo- « gique attribue exclusivement à l'inflammation « des organes digestifs [5]. »

Malgré cette profession de foi, M. Goupil ne laissa pas d'attribuer encore à M. Broussais l'opinion que la fièvre n'existe jamais sans irritation gastrique. Je lui reprochai d'avoir mal interprété l'opinion de son maître, en lui citant les pas-

1 *Journ. univ.*, tome VIII, pag. 143. — 2 *Exam.*, prop. 110, 111, 114 — 3 *Ibid.*, pag. 44. — 4 *Ibid.*, pag 4[illegible]. — 5 *Annales*, tome III pag. 264

sages que vous venez de lire; et comme M. Broussais oublie souvent le lendemain ce qu'il a dit la veille, M. Goupil me cita justement un passage postérieur à tous les autres, dans lequel le réformateur déclare de nouveau que l'estomac est *toujours intéressé* à l'irritation fébrile du cœur [1].

Je ne chercherai pas à décider si le mot *intéressé* signifie réellement que l'estomac est *enflammé*, ce qui pourtant serait nécessaire, puisque la fièvre est toujours une nuance de l'inflammation; ces arguties ne méritent pas de nous occuper plus long-temps; passons aux FIÈVRES ESSENTIELLES.

Ici M. Broussais est plus fixe dans ses principes. Vous savez que ces fièvres sont toutes attribuées par lui à une affection locale, la GASTRO-ENTÉRITE. L'histoire des fièvres, dans la nouvelle doctrine, se réduit donc à l'histoire de l'inflammation de l'estomac et du tube intestinal. Cependant M. Boisseau a publié une *Pyrétologie* ou Traité des fièvres considérées dans l'esprit de la nouvelle doctrine. Ce titre est déjà une hérésie *physiologique*, on peut même dire un non-sens; car enfin, pourquoi faire l'histoire de quelque chose dont on n'admet pas l'existence? Quoi qu'il en soit, M. Boisseau admet avec son maître que toutes les maladies auxquelles on a donné le nom de fièvres sont primitivement locales; mais il n'admet pas que l'af-

1 *Annales*, avril 1824

fection locale soit toujours une gastro-entérite. Il pense que l'inflammation de tout autre organe que l'estomac et les intestins peut produire le groupe de symptômes désigné sous le nom de fièvre essentielle. M. Broussais assure que si son élève ne comprend pas cette vérité, c'est qu'il n'est pas encore assez physiologiste [1]. et M. Boisseau soutient que l'opinion de M. Broussais est « contraire aux notions fournies par l'anatomie « et la physiologie pathologiques; et qu'elle n'est « très-répandue que parce qu'elle est exclusive, et « par conséquent susceptible de plaire beaucoup « aux esprits superficiels et enthousiastes qui sont « partout en grand nombre [2]. »

Quelques amis veulent faire un mérite à M. Boisseau de cette prétendue modification apportée à la doctrine *physiologique;* mais je ne vois pas qu'il y ait là la moindre modification. Sauvages, que je vous ai cité [3], dit positivement que toutes les fièvres sont symptomatiques. Bordeu attribue toujours la fièvre à l'irritation d'un organe. M. Broussais dit que cet organe est toujours l'estomac. Son élève refuse d'adopter cette opinion exclusive; il reste par conséquent, dans l'opinion de Sauvages, de Bordeu et de tous les auteurs: il n'y a rien là de nouveau, rien qui soit propre à M. Boisseau. Quelques *physiologistes* ont adopté la théorie de

1 *Annal.*, tome. v, *Annonc. bibliog.*, pag. 6. — 2 *Pyrét.*, pag. 66.
3 Lettre XII, pag. 213.

M. Broussais avec la même restriction; mais, en examinant chaque espèce de fièvre en particulier, nous allons trouver assez de divergence dans les opinions.

La FIÈVRE INFLAMMATOIRE n'est pour M. Broussais qu'une gastro-entérite chez les sujets pléthoriques. Pour M. Boisseau, le point de départ des symptômes fébriles n'est pas toujours dans l'estomac: ce sont tantôt le cerveau, tantôt le cœur, l'estomac, les bronches, les glandes mammaires, l'utérus, les reins, la vessie, etc. L'inflammation de chacun de ces organes peut déterminer les symptômes de la fièvre inflammatoire. Mais tous les auteurs avaient reconnu l'inflammation de ces organes, et ce n'est pas celle-là qu'ils avaient appelée fièvre inflammatoire; ils désignaient par ce nom une fièvre sans inflammation locale appréciable; c'est cette inflammation non connue, non existante pour les autres, que M. Broussais dit être la gastro-entérite. Son élève n'a pas découvert une autre origine à la fièvre inflammatoire; seulement, il a donné ce nom à des phénomènes fébriles qui ne le portaient pas. Aussi est-ce avec raison que M. Broussais lui a reproché d'avoir « saisi les symptômes du début de toutes les phlegmasies bien prononcées, pour en faire une maladie particulière [1]. »

Je laisse de côté les fièvres gastriques et mu-

1 *Annales*, tome v, loc. cit.

queuses, pour passer à la FIÈVRE ADYNAMIQUE, qui mérite une attention particulière. M. Broussais avait dit d'abord que les symptômes adynamiques pouvaient se manifester à la fin de toutes les phlegmasies, et exister sans complication gastrique [1]. Il est revenu ensuite sur cette opinion, ou plutôt il l'a expliquée, en déclarant qu'il pouvait bien y avoir des symptômes d'adynamie dans toutes les phlegmasies; mais que l'ensemble des symptômes, les périodes de la fièvre adynamique ou putride ne pouvaient exister sans que l'estomac participât à l'inflammation [2]. M. Boisseau n'a pas manqué de relever cette apparente contradiction, qui, à mon sens, n'en est pas une; pour lui, n'admettant pas exclusivement la gastro-entérite comme cause des fièvres, il a imaginé une fièvre adynamique *sèche*, qui n'attaque pas l'estomac, et une fièvre adynamique *humide* qui l'attaque, plus, une fièvre adynamique *essentielle*, dont il ne connaît pas le siége, mais qu'il rapporte néanmoins aux deux premières espèces [3]. Ici encore M. Boisseau n'a rien découvert, rien modifié; il a seulement donné le même nom à des maladies différentes, ce qui lui a attiré une sévère mercuriale de la part du maître. « M. Boisseau, qui n'est pas médecin clinique, « dit-il, ignore que la plupart des phlegmasies,

1 *Exam.*, p 424. — 2 *Annal.*, tome III, p. 15, tom. V, loc. cit.
3 *Pyrét.*, pag. 220.

« tant aiguës que chroniques, ne donnent la mort « qu'après s'être communiquées à presque tous les « viscères, et que l'instant où l'irritation intéresse « la muqueuse du canal digestif est celui où le « groupe adynamique des auteurs se manifeste... « Voilà ce que l'expérience et la réflexion m'ont « appris, et j'ai dû corriger mes premières asser- « tions. Je laisse M. Boisseau poursuivre sa carrière « physiologico-ontologique, détruire perpétuelle- « ment d'une main ce qu'il vient de construire de « l'autre, et prononcer lui-même la condamnation « de son ouvrage [1]. »

C'est trop d'invectives entre le maître et l'élève pour des modifications aussi légères; en voici une beaucoup plus importante. M. Bouillaud, zélé partisan de la médecine *physiologique* et de M. Broussais, est loin d'admettre que toutes les fièvres essentielles, et la fièvre adynamique ou putride en particulier, dépendent de la gastro-entérite; il n'en cherche pas même la cause dans l'inflammation d'un organe isolé; mais il croit la trouver dans une altération des liquides qui produit une inflammation du système sanguin général. Frappé des expériences de Baglivi, qui *infusa*, si l'on peut ainsi s'exprimer, la fièvre à quelques animaux, en injectant dans leurs veines des substances spiritueuses irritantes; et de celles de

1 *Annal.*, tome x, loc. cit.

MM. Gaspard, Magendie, Dupuy, qui ont produit en quelque sorte, de toutes pièces, des fièvres putrides et de véritables typhus, en injectant des liquides putréfiés dans les veines [1], M. Bouillaud rapporte plusieurs observations d'inflammation générale des veines, et s'exprime ainsi sur la théorie de M. Broussais relativement aux fièvres essentielles: « Les observations et les expériences « que nous avons rapportées sont loin d'être favo- « rables à ce système. Effectivement nous avons « présenté plusieurs observations de fièvre pu- « tride ou adynamique, sans l'existence d'une in- « flammation gastro-intestinale: et nous avons « cité des expériences dans lesquelles on produit « artificiellement la fièvre ci-dessus nommée en « injectant des matières putréfiées dans le sys- « tème veineux. Or, puisque d'une part, on ren- « contre des fièvres putrides ou adynamiques, « sans phlegmasie gastro-intestinale; et que, « d'autre part, on produit ces maladies à volonté, « en pratiquant les injections indiquées : il est « évident et clair comme le jour 1° que la gastro- « entérite n'est pas la cause essentielle des fiè- « vres dites essentielles, et de la fièvre putride ou « adynamique en particulier; 2° que ces fièvres « consistent, au contraire, en une phlegmasie « universelle du système sanguin, avec altération

[1] Lettre XII, pag. 53.

« plus au moins profonde du sang, et partant des « autres liquides, dont il est la source com- « mune [1]. »

Comment se fait-il que l'humorisme, si décrié, si ridiculisé de nos jours, retrouve des partisans au milieu même de l'école *physiologique?* C'est que l'enthousiasme n'a qu'un temps, et que la raison et la vérité finissent toujours par triompher des déclamations des sectaires. Ce que je vous ai dit des maladies générales et de l'altération des liquides, dans ma lettre sur la gastro-entérite, M. Bouillaud le reproduit et l'appuie sur de nouvelles observations éclairées par l'anatomie pathologique. Que MM. Goupil, Bégin, Roche, Boisseau, Richond et tous les autres échos de M. Broussais déclament donc contre l'humorisme et les maladies générales; l'observation clinique et les ouvertures de cadavres sont là; et du milieu des rangs *physiologiques* sort un observateur qui vient confirmer la justesse de nos raisonnemens. Et ne croyez pas que M. Bouillaud soit un transfuge de la doctrine; au contraire, il est plus ardent *physiologiste* que les autres, car il ne veut pas seulement, comme M. Boisseau « ajouter « quelques parties à l'édifice médical [2]; il veut « qu'on le déblaie et qu'on le reconstruise en en-

1 *Revue médicale*, juin 1825, *Gazette de Santé* 1825, pag. 158.
2 *Pyrét.*, pag. 67.

« tier ; il veut, comme M. Goupil, que la répara-
« tion commence *ab imis fundamentis* [1].

Nous ne préviendrons pas les idées de M. Bouillaud sur la théorie humorale à laquelle il paraît vouloir accorder l'importance qu'elle mérite. Il me suffira de vous faire remarquer que c'est là une grande et importante modification apportée à la doctrine *physiologique*, une modification telle que cette doctrine en serait toute changée. Mais elle n'a pas encore été présentée par son auteur avec tous les développemens convenables. Revenons aux *physiologistes* dichotomistes purs.

Suivant M. Broussais, la FIÈVRE ATAXIQUE est une gastro-entérite compliquée d'encéphalite. Celle-là est primitive, celle-ci n'est que secondaire; M. Boisseau n'a fait que retourner la proposition de M. Broussais, et il a dit : « La fièvre ataxique « est une encéphalite quelquefois primitive, plus « souvent secondaire, ordinairement accompa- « gnée d'une gastro-entérite etc [2]. » De là résultent quelques différences dans le traitement. Ainsi, au lieu d'appliquer les sangsues plus particulièrement à l'épigastre, M. Boisseau pense qu'il est plus souvent nécessaire de les appliquer aux tempes ou aux pieds. « Il y aurait du danger, « dit-il, à ne voir, comme le font quelques *fana-* « *tiques*, qu'une gastro entérite, non-seulement

1 *Traité de l'encéphalite*, préf. — 2 *Pyrét.*, pag. 524.

« dans la fièvre gastro-ataxique, mais encore dans « toutes les fièvres ataxiques; car alors on se bor« nerait à l'application des sangsues à l'épigas« tre, etc.[1]. »

Comme c'est à la fièvre ataxique que se rapporte la fièvre cérébrale ou hydrocéphalique des enfans, désignée aussi sous le nom d'encéphalite, d'irritation encéphalique, je vous signalerai à ce sujet une divergence d'opinion bien remarquable, relative au traitement. M. Boisseau examine, dans cette fièvre, l'indication des purgatifs, et il ne manque pas de les proscrire. « Avec quelque ra« pidité, dit-il, qu'ils passent sur la membrane « gastrique, ils ne manquent jamais de l'irriter « à un certain degré.... j'ai trouvé si souvent ajou« te t-il, des plaques rouges et des ulcères dans les « gros intestins à la suite des fièvres ataxiques qui « paraissaient ne pas être dues à la lésion de ces « organes, que je ne me hasarderais plus désor« mais à mettre en usage les purgatifs, sous quel« que forme que ce fût, dans ces fièvres[2]. »

M. Boisseau convient qu'il n'est pas d'accord sur ce point avec M. Roche, car celui-ci dit avoir employé en pareil cas les purgatifs avec beaucoup de hardiesse et avec le plus grand succès. Ce n'est pas tout : un de ces élèves, que M. Boisseau désigne précédemment sous le nom de fanatiques, est cependant beaucoup moins exclusif

1 *Pyrét.*, pag. 333. — *Ibid.*, pag. 330.

que lui. Ecoutons M. Guérin de Mamers. « Le « meilleur moyen de détruire l'irritation de l'en- « céphale, quand elle n'est, comme il arrive le « plus souvent, qu'un résultat sympathique de « l'embarras stomacal ou intestinal [1], est de faire « disparaître ceux-ci. Proscrire alors sans distinc- « tion tous les évacuans pour s'en tenir exclusive- « ment aux émissions sanguines, c'est créer à plai- « sir des *fièvres cérébrales*, comme dans d'autres « cas, par la même pratique, on crée souvent des « péripneumonies, etc. J'ai vu périr beaucoup « d'individus qu'un simple purgatif eût indubita- « blement sauvés; mais on purgeait trop autrefois, « aujourd'hui on ne le fait plus du tout [2]. » Pour un *physiologiste* pur, ce n'est pas trop exclusif. Ce qu'il y a de singulier, c'est que tandis que M. Boisseau proscrit formellement les purgatifs, surtout lorsque la membrane gastrique est irritée; M. Guérin les recommande précisément dans la même circonstance; car l'embarras stomacal ou intestinal, n'est, *physiologiquement* parlant, qu'une irritation gastrique.

M. Boisseau dit qu'il ne se hasarderait jamais à les employer; et M. Guérin s'écrie : « Malheur « alors au praticien qui ne croit pouvoir tirer « aucune indication particulière de l'inspection « des évacuations alvines, et qui ne croit possible

1 Remarquez ce *physiologiste*, qui admet des *embarras* stomacaux et intestinaux. — 2 *Des irritations encéphaliques*, pag. 45.

« l'emploi des évacuans, ni dès le début, après « quelques émissions sanguines préparatoires, « ni dans le cours même de la maladie [1]. » Cette apostrophe serait-elle dirigée contre l'auteur de la Pyrétologie ?

Qui nous guidera au milieu de ces déplorables contradictions ? purgerons-nous avec MM. Roche et Guérin ? ou bien proscrirons-nous les purgatifs avec M. Boisseau ?..

Il faudrait encore être très-hardi pour se prononcer dans le traitement *physiologique* des TYPHUS et des maladies miasmatiques. Vous savez que M. Broussais les rapporte toutes à la gastro-entérite ; vous savez que l'examen et le Catéchisme préconisent sur tout les sangsues [2], vous savez que M. Boisseau assure que si les stimulans réussissent au début chez certains sujets, ils augmentent l'intensité des symptômes chez le plus grand nombre [3] ; vous savez que M. Jourdain prétend guérir la fièvre jaune avec des sangsues ; vous savez enfin que M. Gaultier de Claubry veut *crier sur les toits* que « l'émétique et le quinquina « ont tranché les jours de plus de soldats atteints « de typhus, que le fer de l'ennemi n'en a immolé « sur les champs de bataille [4]. » Eh bien ! après toutes ces déclarations solennelles, voici M. Bégin qui arrive le dernier, et qui, dans un mémoire

1 Des Irritations Encéphaliques p. 52. — 2 Voyez *Lettre* XIII, p. 287.
3 *Pyrét.* p. 400. — 4 *Journ. génér. Gazette de Santé* 1823, p. 274.

tout récent, s'exprime de la manière suivante : « Les fièvres produites par les miasmes maréca« geux, par les émanations putrides, par l'air « infect des prisons, des hôpitaux, des vaisseaux, « etc. ces maladies si souvent mortelles lorsqu'elles « frappent subitement les hommes, et que l'im« pression septique, agissant spécialement sur le « système nerveux, menace d'anéantir tout-à-coup « la puissance vitale, *réclament d'abord l'emploi « des stimulans diffusibles, tels que les infusions « aromatiques, l'alcohol, les boissons éthérées, l'acé« tate d'ammoniaque*, etc. [1] »

En vérité, un ontologiste n'aurait pas mieux dit. Mais comment concilier cette proscription formelle des stimulans et des toniques d'une part, avec cette prescription positive des mêmes remèdes de l'autre? où sont donc ces règles fixes, immuables, *physiologiques*, qui doivent conduire le praticien comme par la main? D'où vient cette espèce d'anarchie médicale, si ce n'est de l'instabilité de ces principes, et du peu de confiance qu'ils inspirent à leurs fauteurs, même les plus exagérés.

Je vous parlais, en commençant cette lettre, de leurs dissidences sur les causes *spécifiques* des maladies; c'est surtout aux FIÈVRES ÉRUPTIVES, telles que la variole, la vaccine, la rougeole, la scarlatine, que ces causes se rapportent. Si quel-

1 *Journ. complém*, août 1825, pag. 113.

ques élèves voulaient s'expliquer sur ces maladies elles-mêmes comme sur leurs causes, il n'est pas douteux qu'il n'y eût encore beaucoup de variations à signaler sur ce sujet; mais les *physiologistes* ont, en général, éludé ces questions; et je dois vous renvoyer pour leur étude à ma XIVe lettre. En revanche, ils ont épuisé leur subtilité sur les FIÈVRES INTERMITTENTES.

D'abord, M. Roche a cherché à expliquer l'intermittence de l'inflammation, que les *physiologistes* supposent exister dans cette fièvre; et il a cru la trouver dans une succession de causes intermittentes elles-mêmes, et qui n'ont agi sur le corps qu'à des intervalles périodiques. C'est ainsi qu'il explique les fièvres intermittentes si fréquentes dans les pays marécageux, par l'influence périodique des miasmes condensés chaque soir par l'humidité de la nuit. Mais celui qui passe une seule fois dans les campagnes de Rome, et qui contracte une fièvre intermittente, a-t-il été exposé à cette périodicité d'action des causes? Celui qui est atteint d'une fièvre intermittente dans des pays non marécageux, au milieu de ses occupations habituelles, a-t-il été soumis à des causes périodiques? M. Roche l'affirme, même dans ce cas, et voici où il trouve la périodicité. « Qu'on « interroge, dit-il, avec soin les malades, et l'on « apprendra qu'avant de le devenir, celui-ci cher- « chait chaque jour à réveiller par des mets de « haut goût son appétit diminué; celui-là rempla-

« çait par des spiritueux, dans l'intention de *se* « *soutenir*, ce que son estomac refusait d'alimens « sur la dose habituelle ; cet autre s'enivrait : un « quatrième abusait du café, etc. ; et que tous « commettaient ces infractions aux lois de l'hy- « giène, à des heures à peu près fixes. parce que « tout est réglé dans la vie sociale, soit par l'ha- « bitude, soit par la nécessité de distribuer l'em- « ploi de son temps [1]. »

Cela est subtil, ingénieux, mais ne prouve rien ; car quel est l'homme qui n'a des habitudes semblables ? et si c'était à des causes de cette espèce qu'est due l'intermittence, toutes nos maladies seraient nécessairement intermittentes.

Quelle que soit au reste la cause de cette espèce de fièvres, M. Broussais et ses partisans les regardent comme étant de même nature que les fièvres continues. Seulement, M. Broussais regarde chaque accès comme le signal d'une gastro-entérite, tandis que certains élèves, tels que MM. Boisseau, Bobilier, Carault, etc., pensent que cet accès peut être produit par l'inflammation du poumon, du foie, de la rate, du rein, de la vessie ou de tout autre organe. C'est toujours la même théorie que celle des fièvres continues.

Toutefois, cet accord sur l'identité de nature des fièvres continues et des fièvres intermittentes n'est pas unanime. M. Desruelles se plaindrait

1 *Ouv. cit.*, pag. 41.

peut-être si je le confondais avec les autres, car il a émis une opinion contraire à celle de ses collègues. Ce *physiologiste* pense que « la pério« dicité est inexplicable, si ce n'est par des sup« positions gratuites, lorsqu'on rapporte ces fièvres « aux *irritations des organes* [1]. »

Fort bien, M. Desruelles; poursuivons.

« Si les fièvres continues et les fièvres intermit« tentes dépendaient d'une lésion organique qui, « étant de la même nature, ne différerait que du « plus au moins, il est clair que les unes et les « autres devraient céder aux mêmes moyens. Ce« pendant, le quinquina, l'opium, le tartre stibié, « si efficaces dans le traitement des fièvres inter« mittentes, sont contr'indiqués dans les fièvres « continues, et leur administration est environ« née de dangers... les fièvres intermittentes sim« ples ne sont point dues à l'irritation inflamma« toire des organes. »

Parfaitement raisonné. Mais enfin, à quoi sont-elles dues?

« Elles dépendent d'une *surexcitation pério« dique*, accompagnée de congestion plus ou « moins violente [2]. »

Mais qu'est-ce que cette surexcitation périodique, que M. Desruelles met à la place de l'inflammation?

C'est « un mouvement des tissus occasionne

1 *Journ. univ.*, tome XXXII, p. 140. *Ibid.*, p. 139.

« par l'action d'une cause qui les remue ou les « sollicite à agir. Ce phénomène appartient à la « physiologie [1]. »

Les fièvres intermittentes ne sont donc pas des maladies?

Non; « elles forment l'anneau qui attache l'état « physiologique à l'état pathologique [2]. »

J'entends : c'est-à-dire qu'une fièvre intermittente n'est qu'une demi-maladie; mais enfin, cette demi-maladie, cette surexcitation moitié physiologique, moitié pathologique, comment se guérit-elle? encore, si nous possédions des demi-remèdes! mais il n'est pas même besoin de cela, écoutez M. Desruelles :

« Dans les fièvres continues, on doit chercher « à vaincre l'irritation; dans les fièvres intermit-« tentes, il faut *déshabituer* l'organe *périodique-« ment surexcité* [3]. »

Voilà une indication toute nouvelle; mais comment la remplit-on?

« On y parvient en produisant une surexcita-« tion pendant l'intervalle des accès [4]. »

Ceci commence à m'embarrasser. Une surexcitation, ajoutée à une surexcitation, doit approcher de bien près de l'irritation morbide; et M. Desruelles disait auparavant qu'il a rapporté « l'observation d'une fièvre tierce qui dépendait « de la surexcitation de la membrane muqueuse

1 *Journ. univ.* p. 141. — 2 *Ibid.*, pag. 139. — 3 *Ibid.* pag. 145
4 *Ibid.*

« gastro-intestinale, et qui, sous l'influence d'une
« dose de quinquina, au lieu de se répéter tous
« les deux jours, revenait tous les jours... c'est-à-
« dire que la surexcitation étant de plus en plus
« considérable, finissait par se transformer en
« irritation qui donnait lieu à la fièvre continue [1].»

On *déshabitue* donc l'organe périodiquement surexcité en l'enflammant; on guérit une fièvre intermittente par une fièvre continue, une demi-maladie par une maladie entière. Quelle étrange guérison! En vérité, ce n'était pas la peine de se séparer des autres *physiologistes*, pour retomber avec eux dans cette triste conséquence.

M. Boisseau y arrive par un chemin plus direct. Je vous ai cité ailleurs ses argumens [2]. Il en est un que je dois reprendre ici pour ajouter un nouveau titre à l'invariabilité des *physiologistes*.

En expliquant l'effet du quinquina, dans les fièvres intermittentes, par une espèce de révulsion, M. Boisseau, suivant en cela M. Broussais, met pour condition au succès de ce médicament, qu'il soit déposé sur l'estomac pendant l'apyrexie, en l'*absence* de l'inflammation prétendue [3]. Cette condition, nécessaire pour la théorie *physiologique*, est souvent méconnue par la pratique. On cite des succès nombreux obtenus par l'administration du quinquina donné au moment même de l'accès [4]. M. Broussais se contente d'affirmer qu'il

1 *Journ. univ.* p. 142, 142. — 2 Lettre XV, p. 342. — 3 *Pyrét.* p. 529.
4 *Voyez* l'opinion de M. Vaidy, Lettre XV, p. 337, et l'ouvrage de

a vu des résultats contraires [1]. M. Boisseau est moins difficile. « Je n'ai jamais nié, dit-il, que le « quinquina pût être donné avec avantage, même « pendant l'accès [2]. » En lisant cette phrase on serait tenté de demander à M. Boisseau s'il a lu sa *Pyrétologie.* Voici en effet, ce qu'on y lit à la page 529 : « Le quinquina aggrave l'état du ma- « lade quand on le donne peu de temps avant l'in- « vasion de l'accès; plus encore quand on l'admi- « nistre pendant l'accès. » Et remarquez bien que ce n'est pas une proposition que l'auteur laisse échapper en passant; c'est un axiome qu'il pose pour en tirer cette conséquence que le quinquina n'agit qu'en stimulant l'estomac. Vous pouvez juger par ces assertions contradictoires de la sincérité de ceux qui ont la prétention de fonder la pathologie sur la physiologie, et la pratique sur la théorie; ils nient et ils affirment la même chose suivant le besoin; mais « il ne suffit pas de nier; « il faut ne pas tomber en contradiction avec soi- « même. » C'est M. Boisseau qui l'a dit [3].

En rendant justice aux brillans travaux de M. Broussais sur la GASTRITE CHRONIQUE, je n'ai pu m'empêcher de vous faire remarquer l'extension exagérée que ce médecin a donnée aux symptômes de cette affection. Les élèves non fanatiques ont reconnu cette exagération ; et chaque jour ils

M. Bailly sur les *fièvres intermittentes.* — 1 Lettre XV, p. 330.
2 *Journ. univ.*, tome XXXIX p. 198 — 3 *Ibid.*, p. 201.

retranchent de ce cadre immense quelques-unes des maladies que le réformateur y a renfermées. C'est ainsi que MM. Roche et Sanson rapportent non point à la gastrite chronique, mais aux névroses de l'estomac, la coqueluche, la cardialgie, le pyrosis, la boulimie, le pica, les coliques nerveuses, l'iléus [1] etc., englobés par M. Broussais dans l'histoire de la gastrite chronique. C'est ainsi que M. Boisseau tance vertement M. Goupil pour avoir dit que si la diète contribue à la guérison du cancer, c'est parce que la diète guérit la gastro-entérite à laquelle il attribue apparemment la permanence des dégénérescences cancéreuses [2].

M. Ranque trouve dans l'appareil nerveux ganglionnaire et cérébro-spinal le siége primitif de la colique de plomb, rapportée par M. Broussais à la gastrite chronique [3], et commence le traitement par les stimulans anti-spasmodiques diffusibles. Enfin, M. Van de Keere est loin de reconnaître que l'hypochondrie ne soit qu'une gastrite chronique. Il est vrai qu'il déclame contre les ontologistes; mais il trouve avec l'ontologie des accomodemens, car il admet une espèce d'hypochondrie qu'il appelle monomanie œgrotante, qui est « une « pure aberration de la pensée, qui existe indé- « pendamment de toute lésion matérielle [4]. » Il y a loin de là à la maladie *physiologique*, qui est

1 Ouvr. cit. p. 140. — 2 *Journ. univ.*, tome XXXIV, p. 347. — 3 Lettre XVI, p. 381 — 4 *Journ. complém.*, 1825.

toujours la souffrance ou la lésion d'un organe.

Que vous dirai-je sur les HÉMORRHAGIES? Les élèves n'ont rien changé à la théorie de ces maladies; il est vrai qu'ils n'ont pas osé répéter qu'elles soient une simple augmentation de la contractilité, c'est-à-dire, le résultat du resserrement des vaisseaux; mais ils n'ont pas dit non plus qu'elles fussent autre chose. Je ne vois que MM. Roche et Sanson qui, dans le passage que je vous ai cité, aient osé reconnaître qu'elles n'étaient pas un simple degré d'irritation, supérieur ou inférieur à celui de la phlegmasie. C'est suivant eux un *mode* différent d'irritation, ce qui devient tout-à-fait inintelligible dans leur système.

Si de l'irritation des vaisseaux rouges nous passons à la SUBINFLAMMATION, ou irritation des prétendus vaisseaux blancs, nous ne trouverons pas moins de divergence dans les opinions des *physiologistes*. Vous avez vu que M. Boisseau traite d'hypothèse insoutenable la distribution de l'irritation dans les capillaires rouges, dans les capillaires exhalans et absorbans, dans les nerfs, etc. M. Broussais, condamné par un de ses élèves, a trouvé des défenseurs tout prêts à le justifier. Voici comment MM. Roche et Sanson s'acquittent de cette tâche. « Nous ne disons pas que l'inflammation ait son siége dans les capillaires rouges, la « subinflammation dans les capillaires blancs, la « névrose dans les capillaires nerveux, l'irritation « sécrétoire dans les vaisseaux sécréteurs; cela

« nous semble hypothétique[1]. Dans un tissu irrité « vaisseaux blancs, extrémités nerveuses et capil« laires sanguins sont également le siége de l'irri« tation, puisque l'action de tous est augmentée; « mais l'appel du sang ou celui des fluides blancs, « ou la douleur, *prédominent*; et ce sont ces dif« férences que nous constatons [2].

Déjà M. Goupil avait eu recours à la même *prédominance* pour soutenir l'hypothèse de son maître [3]; mais M. Boisseau n'en est pas plus convaincu pour cela. « Puisque personne n'a vu, dit« il, ce qu'on appelle les capillaires exhalans et « absorbans, personne ne peut savoir en quoi « consiste leur irritation [4]. » Et ailleurs : « A quels « signes reconnaître, après la mort, qu'un vais« seau blanc a été enflammé? serait-il donc plus « blanc que dans l'état normal [5]? » Si M. Boisseau avait appris le *Catéchisme physiologique*, il saurait qu'on reconnaît cette inflammation à un autre signe, savoir l'afflux de la lymphe dans les vaisseaux blancs. « Lorsque les scrofuleux, après « un refroidissement douloureux, se hâtent de ré« chauffer les parties affectées, ou qu'ils laissent « sécher sur elles des vêtemens humides, le sang « et la lymphe s'y précipitent, et comme cette « dernière prédomine, l'inflammation ne tarde

1 C'est pourtant ce que dit M. Broussais. Voyez lettre XVIII, p. 414.
2 Ouvr. cit. p. 43. — 3 Lettre XIX. p. 448. — 4 *Pyrét.* p. 30.
5 *Journ. univ.*, tom. XXXIV, p. 346.

« pas à revêtir la forme strumeuse (forme blan-« che). » Ainsi s'exprime le *Catéchisme*. Mais le professeur catéchiste n'est pas une autorité pour M. Boisseau, ni même pour M. Bégin qui trouve que « ni ce langage, ni ces principes ne sont, quoi-« qu'on en puisse dire, conformes à une saine « doctrine *physiologique* [1]. »

Ainsi, tandis que M. Boisseau fait justice de M. Goupil, le Catéchisme fait justice de M. Boisseau; M. Bégin fait justice du catéchisme; et M. Treille, à son tour, fait justice de M. Bégin, en lui reprochant de ne pas savoir d'où vient le cancer, qui est aussi une sub-inflammation [2].

C'est à propos de la sub-inflammation que je vous ai parlé de la SYPHILIS; et celle-ci nous a conduit naturellement à la théorie des VIRUS. Je vous ai montré d'abord M. Broussais, incertain sur les causes spécifiques en général, et sur la maladie syphilitique en particulier, d'abord admettant les miasmes, ensuite proscrivant les virus, puis, se bornant à admettre une diathèse. Enfin reconnaissant que le mercure produisait une irritation *médicamenteuse* curative de l'irritation syphilitique [3].

Quelque soit le nom qu'on donne à la force active de l'agent médicamenteux qui guérit une maladie, peu importe; la pratique n'en souffre pas. Que M. Broussais appelle l'action du mercure

Journ. compl., t. XIX., p. 83-84. — 2 *Annal.*, t. I. — 3 Lettre XVIII.

sur le corps vivant une action médicamenteuse, cela ne change rien aux indications thérapeutiques du remède; mais les principes une fois posés mènent à des conséquences, et les systèmes portent leur fruit. Je vous ai parlé de l'objection pressante de M. Dubled, et de la réponse singulière du maître [1]. Comment pourrais-je vous retracer aujourd'hui toutes les aberrations de l'école *physiologique* sur le sujet qui nous occupe?

Si M. Broussais doute de la nature spécifique de la maladie syphilitique, et, tout en niant l'action spécifique du mercure, lui accorde néanmoins une vertu curative, les élèves en sont venus à nier la maladie elle-même et à attribuer au mercure les symptômes contre lesquels on dirige son administration. Dès lors il n'y a plus pour les *physiologistes* ni cause syphilitique, ni symptômes vénériens, ni traitement mercuriel. M. Dubled, nous assure gravement que ce sont les excès dans les plaisirs vénériens, les marches forcées, la masturbation qui produisent la blennorrhagie; que les chancres ne sont que de simples excoriations survenues pendant le coït; que les douleurs ostéocopes chez les femmes dépendent ordinairement d'une suppression des règles [2]. M. Richond ne trouve d'autre cause syphilitique que l'exercice immodéré des organes génitaux, et fait dépendre les exostoses de la sympathie de ces organes avec les os [3]. M. Boisseau, en échange du virus syphi-

1 Lettre XVIII, p. 441 — 2 *Annal.*, t. IV, p. 436-440.
3 *Archiv. gén. de Méd.*

litique, qu'il proscrit avec tous les autres, nous gratifie d'une *cachexie hydrargyrienne* [1]. M. Lefèvre déclare positivement que les exostoses vénériennes ne sont autre chose que le produit d'une gastrite [2].

Opposons à toutes ces divagations les résultats de l'expérience. « Madame de C*** a été atteinte « d'une *maladie vénérienne constitutionnelle* et « invétérée....... on voit le *virus vénérien* incom- « plètement détruit chez Madame de C*** par un « traitement superficiel *rester latent* dans l'éco- « nomie pendant plusieurs années, *se réveiller*, « pour ainsi dire, après quelques mois de ma- « riage... *passant aux enfans*, altéré par plusieurs « traitemens mercuriels très-énergiques, mais « non détruit..... Ce qui semble prouver que *le* « *mercure agit directement sur le virus vénérien*, « qu'il *altère* par une action qui lui est propre [3].»

Préjugés absurdes, vont s'écrier les adeptes, déclamations ridicules, chimères ontologiques!... Non, Messieurs, ce n'est pas un ontologiste qui professe ces opinions et qui les exprime en ces termes : c'est un *physiologiste* des plus célèbres, je dirai même le plus célèbre d'entre vous. C'est le professeur Lallemand. Le bannirez-vous de votre école avec les virus et la syphilis, et les maladies constitutionnelles?

1 *Journ. univ.* t. XXXIV, p. 180. — 2 *Bullet. de la Soc. méd. d'Em.*, mai, 1824; p. 143. — 3 *Journ. univ.*, tom. XXVII, p. 140. 144, 145.

Il faudra aussi en bannir MM. Roche et Sanson, car, malgré les restrictions qu'ils mettent à leur profession de foi, malgré les doutes qu'ils cherchent à jeter sur la théorie de la syphilis et sur l'action du mercure, ces *physiologistes* avouent qu'on peut faire naître la blennorrhagie, « en appliquant directement le *virus* syphilitique « sur la membrane muqueuse du canal de l'urè- « thre [1]. » Et après avoir ailleurs attribué les bubons à un effet sympathique de l'irritation des parties génitales, ils conviennent que « l'on pourrait « conclure, avec autant de fondement peut-être, « qu'ils sont produits par le *virus* absorbé et trans- « porté sur les ganglions lymphatiques [2]. » Ne faut-il pas que les faits soient bien évidens, pour arracher de pareils aveux aux adversaires des maladies et des médicamens spécifiques, aux partisans les plus déclarés d'un phénomène, suivant eux, toujours unique, toujours identique, l'irritation.

Je n'ai rien trouvé sur les NÉVROSES qui mérite de fixer votre attention ; c'est un sujet que les *physiologistes* n'osent aborder franchement, je dois donc vous renvoyer à ma XIXe lettre.

J'ai traité dans la XXe de l'asthénie ou *débilité*. Sur ce point, je trouve beaucoup de prétentions et fort peu de lumières. M. Boisseau a consacré à cet état négatif quelques propositions dont il

1 *Ouvr. cit.*, p. 385. — 2 *Ibid.*, p. 216.

s'attribue la propriété. Il faut voir comment le maître accueille cette prétention. Je me bornerai à vous citer le passage suivant.

« Il dit que M. Broussais lui-même ne nie plus « que l'estomac peut tomber dans l'asthénie, ce « qui suppose que M. Broussais l'a nié! Or, c'est « une fausseté.... je n'ai pas nié la possibilité de « l'asthénie de l'estomac dans *l'Histoire des phleg-* « *masies*, je ne l'ai pas niée dans le premier *Exa-* « *men*. J'ai plus fait ; je l'ai admise pour la com- « parer à l'irritation de ce viscère. .. Il assure que « je nie que l'asthénie ait lieu dans les fièvres, « ce qui tendrait, selon lui, à faire négliger la « recherche des cas où les stimulans doivent être « employés avec succès dans le traitement de ces « maladies : reproche vague, qui ne peut être dic- « té que par le désir de déprécier. J'ai publié « vingt fois des cas de gastro-entérites, tant ai- « guës que chroniques, où la phlogose avait ces- « sé dans l'estomac par l'emploi des anti-phlogis- « tiques, et où la fièvre n'était plus que le résul- « tat de l'irritation de quelque autre portion du « canal digestif, et j'ai cherché à faire connaître « les signes qui, en indiquant cet état, doivent « porter le praticien à commencer l'alimentation ; « mais M. Boisseau n'a pas assez de franchise pour « convenir de cela ; ravaler son maître d'un coup « de plume, donné à la légère sans doute, afin de « s'élever lui-même, voilà sa méthode [1]. »

[1] *Annales*, t. v., *Annonc. bibl.*, p. 5-6.

Je termine ma lettre par cet échantillon de la polémique *physiologique*. Il me dispensera d'une tâche qui serait pour moi trop pénible, celle de vous retracer l'histoire des variations de style et de politesse entre le maître et les élèves. Toutefois, si vous étiez curieux de la connaître, vous pourriez lire les *Annales*, quelques articles de la *Biographie*, et la lettre toute entière d'un *physiologiste* nommé Gaubert.

FIN.

IMPRIMERIE DE DAVID,
BOULEVART POISSONNIÈRE, N° 6.

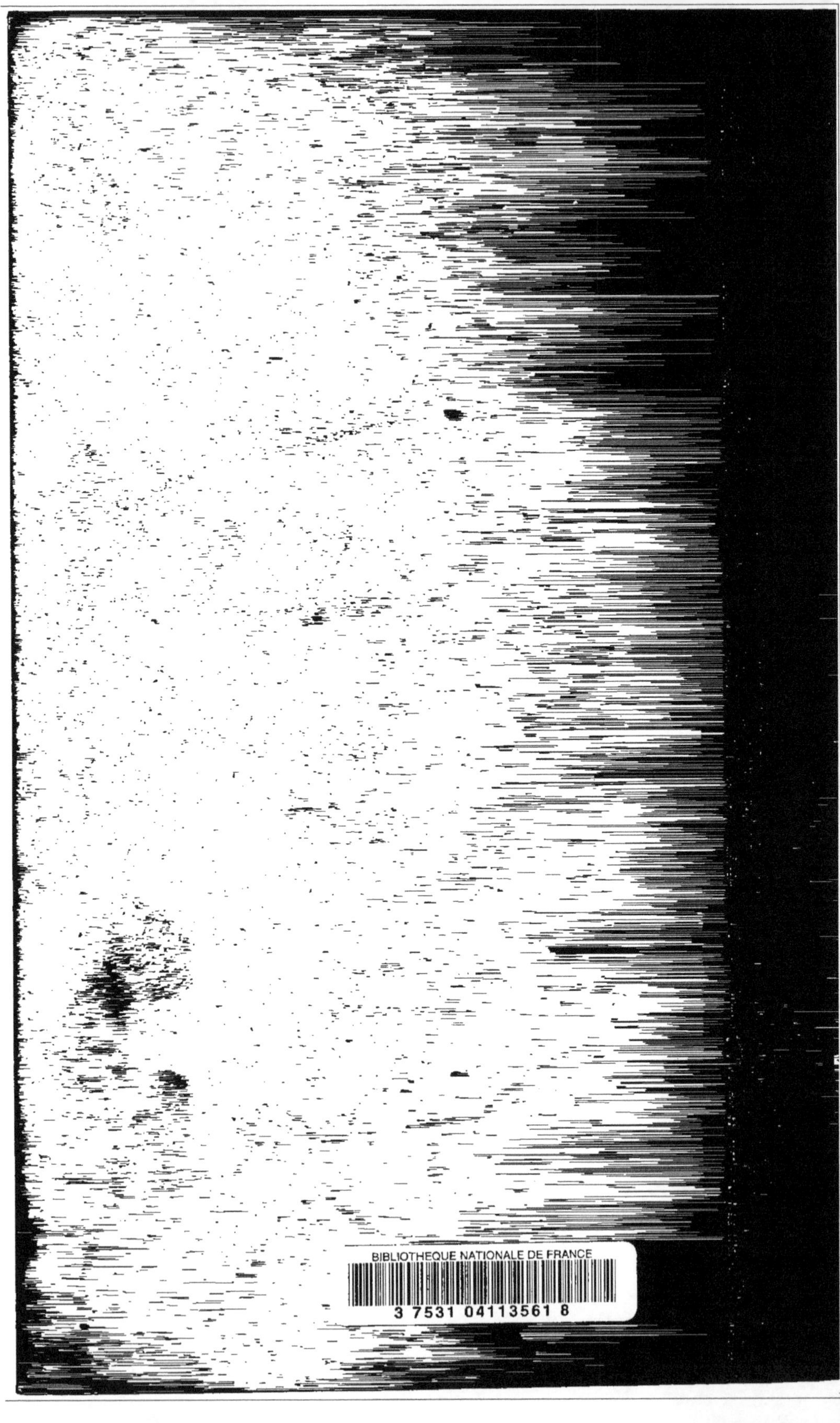

www.ingramcontent.com/pod-product-compliance
Ingram Content Group UK Ltd.
Pitfield, Milton Keynes, MK11 3LW, UK
UKHW012249240726
13966UKWH00004B/1355